Impressum
Verlag: BABADADA GmbH, Nedderfeld 112 , 22529 Hamburg
Geschäftsführer / Verlagsleitung: Harald Hof
Druck: Books on Demand GmbH, In de Tarpen 42, 22848 Norderstedt

Imprint
Publisher: BABADADA GmbH, Nedderfeld 112 , 22529 Hamburg, Germany
Managing Director / Publishing direction: Harald Hof
Print: Books on Demand GmbH, In de Tarpen 42, 22848 Norderstedt, Germany

xue xiao

училище

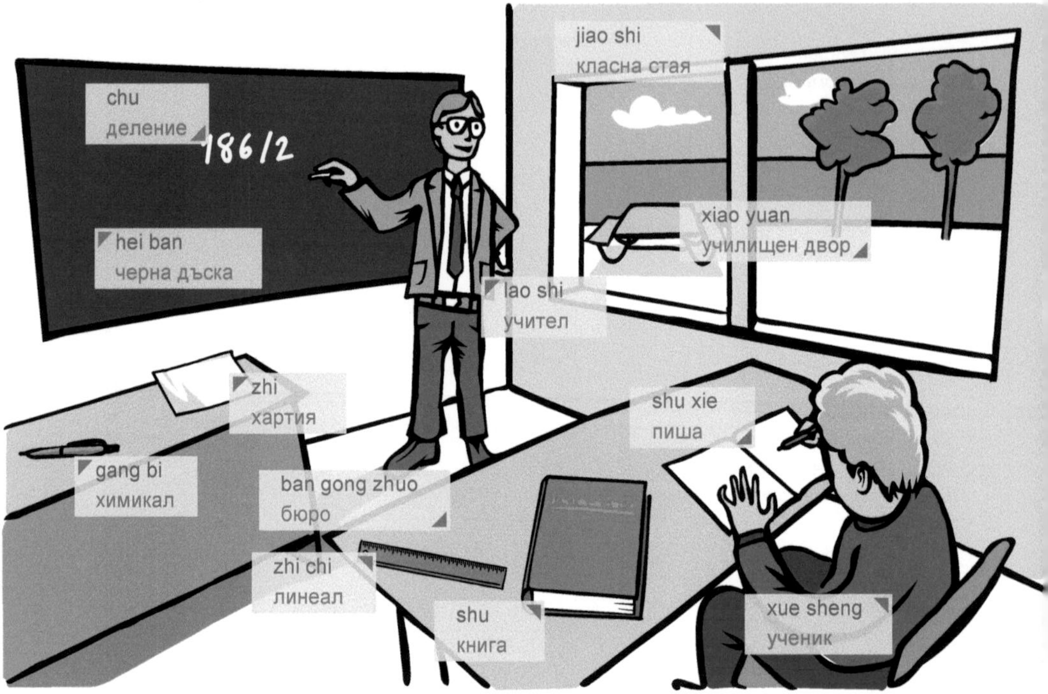
jiao shi
класна стая
chu
деление
186/2
hei ban
черна дъска
xiao yuan
училищен двор
lao shi
учител
zhi
хартия
shu xie
пиша
gang bi
химикал
ban gong zhuo
бюро
zhi chi
линеал
shu
книга
xue sheng
ученик

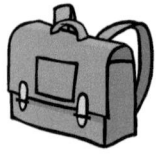

shu bao

ученическа раница

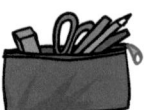

qian bi he

ученически несесер

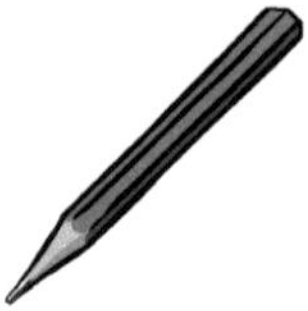

qian bi

молив

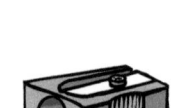

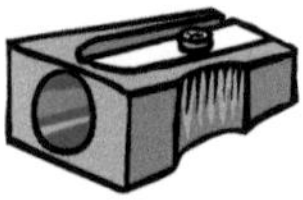

juan bi dao

острилка за моливи

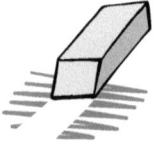

xiang pi ca

гума

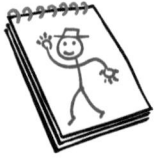

hua ban

блок за рисуване

tu hua

рисунка

hua bi

четка

yan liao he

акварелни бои

jian dao

ножица

jiao shui

лепило

lian xi ce

тетрадка за упражнения

jia ting zuo ye

домашна работа

shu zi

число

jia

събиране

jian

изваждане

cheng

умножение

ji suan

смятане

zi mu

буква

zi mu biao

азбука

zi

дума

ke wen

текст

du

чета

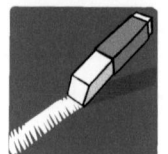

fen bi

тебешир

shang ke

час

deng ji

дневник на класа

kao shi

изпит

zheng shu

свидетелство

xiao fu

ученическа униформа

jiao yu

образование

bai ke quan shu

справочник

da xue

университет

xian wei jing

микроскоп

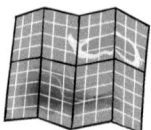

di tu

карта

fei zhi kuang

кошче за хартиени
отпадъци

xue xiao - училище

lü xing

пътуване

jiu dian
хотел
Grand
qing nian lü xing she
хостел
ROOMS
CHANGE
wai bi dui huan chu
обменно бюро
shou ti xiang
куфар
qi che
кола

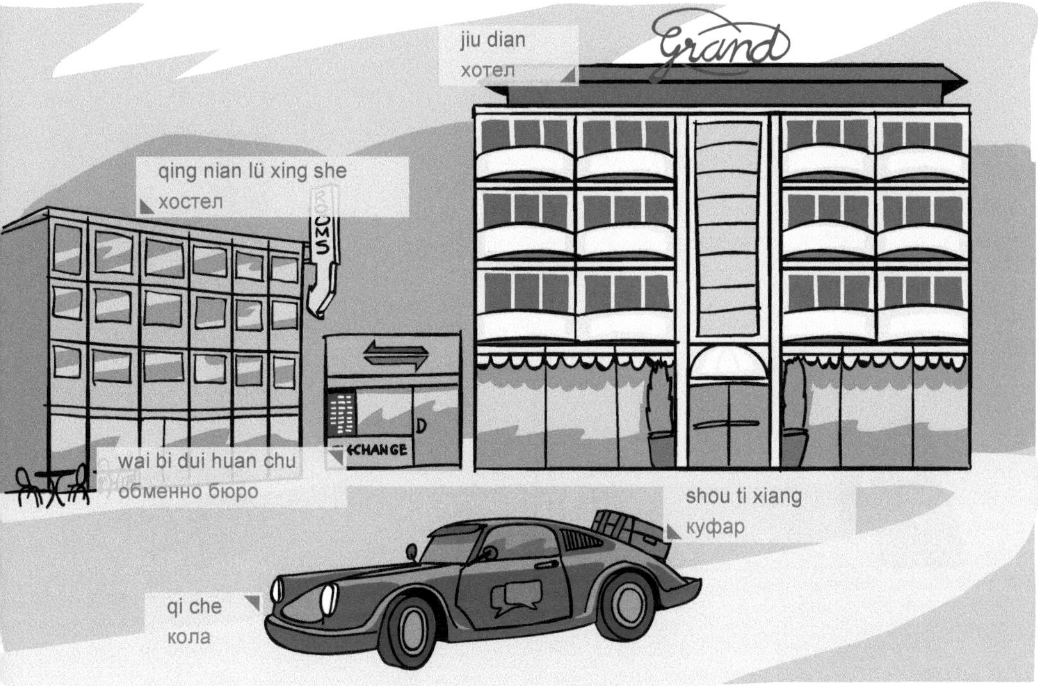

yu yan

език

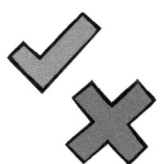

shi/fou

да / не

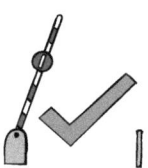

hao de

Окей

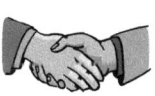

nin hao

здравей

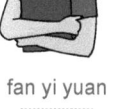

fan yi yuan

преводач

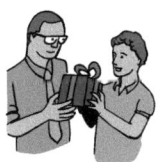

xie xie

Благодаря

......duo shao qian?

Колко струва...?

wo bu ming bai

Не разбирам

wen ti

проблем

wan shang hao!

Добър вечер!

zao shang hao!

Добро утро!

wan an!

Лека нощ!

zai jian

довиждане

fang xiang

посока

xing li

багаж

bao

пътна чанта

shuang jian bao

раница

ke ren

посетител

fang jian

стая

shui dai

спален чувал

zhang peng

палатка

lü you xin xi

туристическа информация

hai tan

плаж

xin yong ka

кредитна карта

zao can

закуска

wu can

обед

wan can

вечеря

piao

билет

dian ti

асансьор

you piao

пощенска марка

bian jie

граница

hai guan

митница

da shi guan

посолство

qian zheng

виза

hu zhao

паспорт

jiao tong yun shu

транспорт

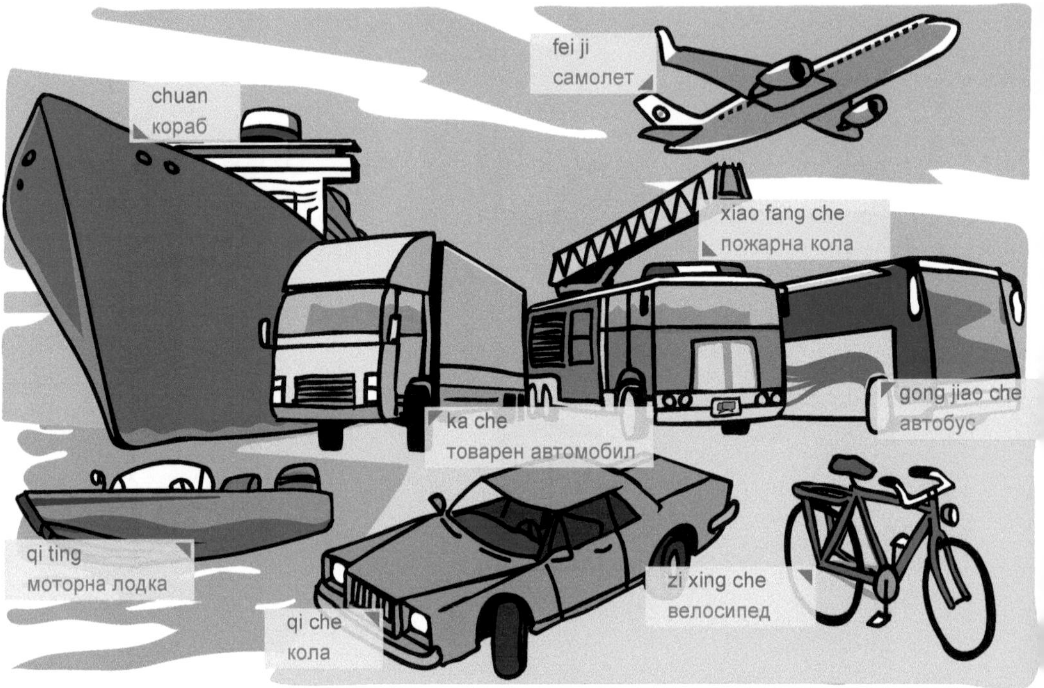
fei ji
самолет
chuan
кораб
xiao fang che
пожарна кола
gong jiao che
автобус
ka che
товарен автомобил
qi ting
моторна лодка
zi xing che
велосипед
qi che
кола

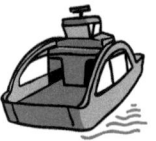

bai du chuan

ферибот

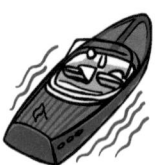

xiao chuan

лодка

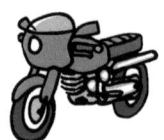

mo tuo che

мотоциклет

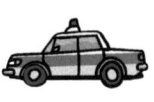

jing che

полицейска кола

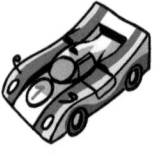

sai che

състезателна кола

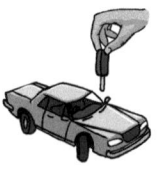

zu che

кола под наем

pin che

каршеринг

tuo che

автомобил от "Пътна помощ"

la ji che

сметовоз

fa dong ji

двигател

qi you

бензин

jia you zhan

бензиностанция

jiao tong biao zhi

пътен знак

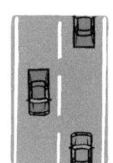

jiao tong

улично движение

jiao tong du sai

задръстване

ting che chang

паркинг

huo che zhan

гара

gui dao

релси

huo che

влак

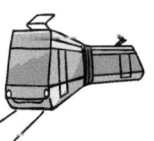

dian che

трамвай

huo che

вагон

zhi sheng ji

хеликоптер

ji chang

аерогара

ta

кула

cheng ke

пасажер

ji zhuang xiang

контейнер

zhi ban xiang

кашон

shou tui che

ръчна количка

lan zi

кошница

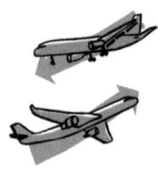

qi fei/jiang luo

излитам / приземявам се

cheng shi

град

cun zhuang

село

shi zhong xin

градски център

fang zi

къща

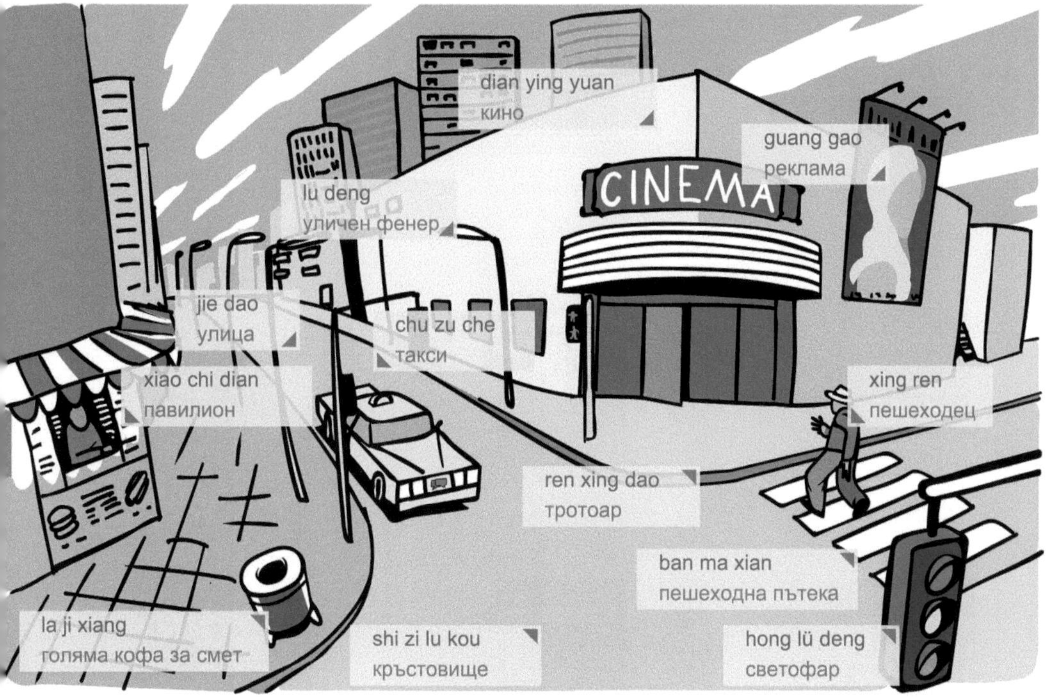

dian ying yuan
кино

guang gao
реклама

lu deng
уличен фенер

jie dao
улица

chu zu che
такси

xiao chi dian
павилион

xing ren
пешеходец

ren xing dao
тротоар

ban ma xian
пешеходна пътека

la ji xiang
голяма кофа за смет

shi zi lu kou
кръстовище

hong lü deng
светофар

CINEMA

xiao wu
хижа

gong yu
жилище

huo che zhan
гара

shi zheng ting
кметство

bo wu guan
музей

xue xiao
училище

da xue

университет

yin hang

банка

yi yuan

болница

jiu dian

хотел

yao fang

аптека

ban gong shi

офис

shu dian

книжарница

shang dian

магазин за цветя

hua dian

магазин за цветя

chao shi

супермаркет

shi chang

пазар

bai huo shang dian

универсален магазин

yu dian

търговец на риба

gou wu zhong xin

търговски център

hai gang

пристанище

cheng shi - град

gong yuan

парк

chang deng

пейка

qiao

мост

lou ti

стълба

di tie

метро

sui dao

тунел

gong jiao che zhan

автобусна спирка

jiu ba

бар

can guan

ресторант

you tong

пощенска кутия

lu biao

улична табелка

ting che ji shi qi

часовник за паркинг
престой

dong wu yuan

зоологическа градина

you yong guan

плувен басейн

qing zhen si

джамия

nong chang

селски двор

wu ran

замърсяване на околната
среда

mu di

гробище

jiao tang

църква

cao chang

детска площадка

si miao

храм

di xing

пейзаж

shu ye
листо

zhi shi pai
пътепоказател

lu
път

cao di
ливада

shi tou
камък

tu bu lü xing zhe
пътешественик

shu
дърво

he
река

cao
трева

hua
цвете

xia gu

долина

shan

планина

hu

море

sen lin

гора

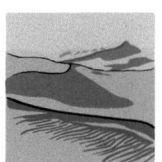

sha mo

пустиня

huo shan

вулкан

cheng bao

замък

cai hong

дъга

mo gu

гъба

zong lü shu

палма

wen zi

комар

cang ying

муха

ma yi

мравка

mi feng

пчела

zhi zhu

паяк

jia chong

бръмбар

qing wa

жаба

song shu

катеричка

ci wei

таралеж

ye tu

заек

mao tou ying

кукумявка

niao

птица

tian e

лебед

ye zhu

диво прасе

lu

елен

mi lu

лос

shui ba

бент

feng li fa dian ji

вятърна турбина

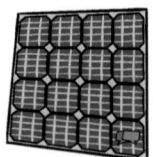

tai yang neng dian chi ban

соларен модул

qi hou

климат

fu wu yuan
келнер

cai dan
меню

yi zi
стол

tang
супа

pi sa bing
пица

zhuo bu
покривка за маса

can ju
прибори за хранене

qian cai
предястие

zhu cai
основно ястие

tian dian
десерт

yin liao
напитки

shi wu
ядене

ping zi
бутилка

kuai can

бързо хранене

jie bian xiao chi

улична храна

cha hu

кана за чай

tang he

кутия за захар

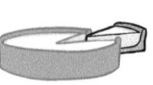

yi fen fan cai

порция

yi shi ka fei ji

еспресо машина

gao jiao yi

висок детски стол

zhang dan

сметка

tuo pan

табла

dao

ножица за нокти

can cha

вилица

shao zi

лъжица

cha chi

чаена лъжичка

can jin

салфетка

bo li bei

стъклена чаша

can guan - ресторант

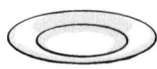

die zi

чиния

tang pan

чиния за супа

die zi

чинийка

jiang

сос

yan ping

солница

hu jiao mo

мелничка за черен пипер

cu

оцет

shi yong you

олио

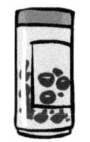

tiao wei liao

подправки

fan qie jiang

кетчуп

jie mo

горчица

dan huang jiang

майонеза

chao shi

супермаркет

te jia
оферта
FOR
gu ke
клиент
ru zhi pin
млечни продукти
shui guo
плодове
gou wu che
количка за покупки

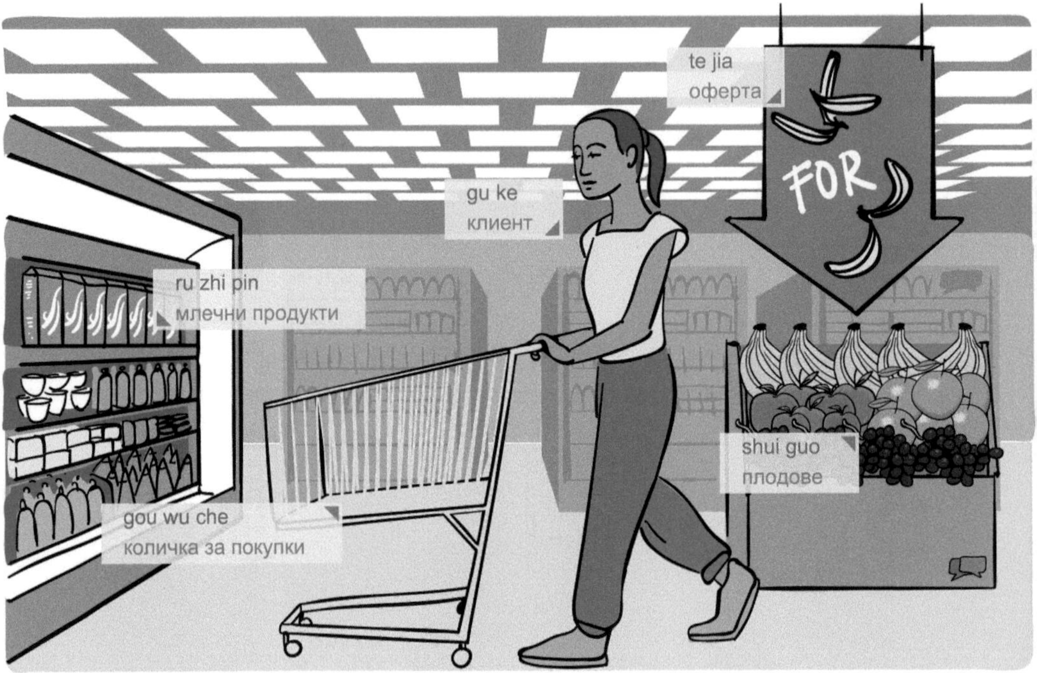

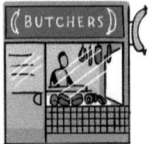

BUTCHERS

rou pu

кланица

BAKERY

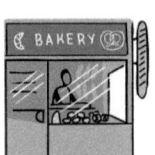

mian bao fang

хлебарница

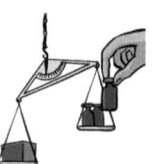

cheng zhong

тегля

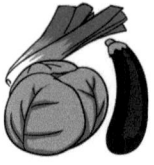

shu cai

зеленчуци

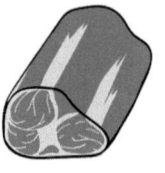

rou

месо

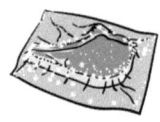

leng dong shi pin

дълбоко замразена храна

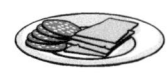

leng pan

нарязан колбас или сирене

guan tou shi pin

консерви

xi yi fen

перилен препарат

tian shi

лакомства

ri yong pin

домакински изделия

qing jie yong pin

почистващи препарати

xiao shou yuan

продавачка

shou yin ji

каса

shou yin yuan

касиер

gou wu qing dan

списък на покупките

kai fang shi jian

работно време

qian bao

портфейл

xin yong ka

кредитна карта

dai zi

чанта

su liao dai

пластмасова торба

shui

вода

guo zhi

сок

niu nai

мляко

ke le

кола

hong jiu

вино

pi jiu

бира

jiu

алкохол

ke ke

какао

cha

чай

ka fei

кафе машина

yi shi nong suo ka fei

еспресо

ka bu qi nuo

капучино

xiang jiao

банан

ping guo

ябълка

cheng zi

портокал

xi gua

пъпеш

ning meng

лимон

hu luo bo

морков

da suan

чесън

zhu zi

бамбук

yang cong

лук

mo gu

гъба

jian guo

ядки

mian tiao

макарони

yi da li mian tiao

спагети

mi fan

ориз

sha la

салата

shu tiao

пържени картофи

zha tu dou

печени картофи

pi sa bing

пица

han bao bao

хамбургер

san ming zhi

сандвич

zha zhu pai

шницел

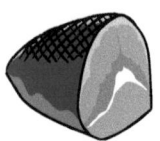

huo tui

шунка

sa la mi

траен колбас

xiang chang

салам

ji rou

пиле

kao rou

печено

yu

риба

yan mai pian

овесени ядки

mu zi li

мюсли

yu mi pian

корнфлейкс

mian fen

брашно

yang jiao mian bao

кроасан

mian bao juan

хлебчета

mian bao

хляб

kao mian bao

препечена филийка

bing gan

бисквити

huang you

масло

ning ru

извара

dan gao

сладкиш

dan

яйце

jian dan

яйца на очи

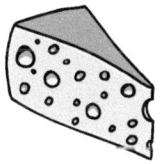

nai lao

сирене

bing ji lin

сладолед

tang

захар

feng mi

мед

guo jiang

мармалад

qiao ke li jiang

нуга крем

ga li fan

къри

nong chang
селски двор

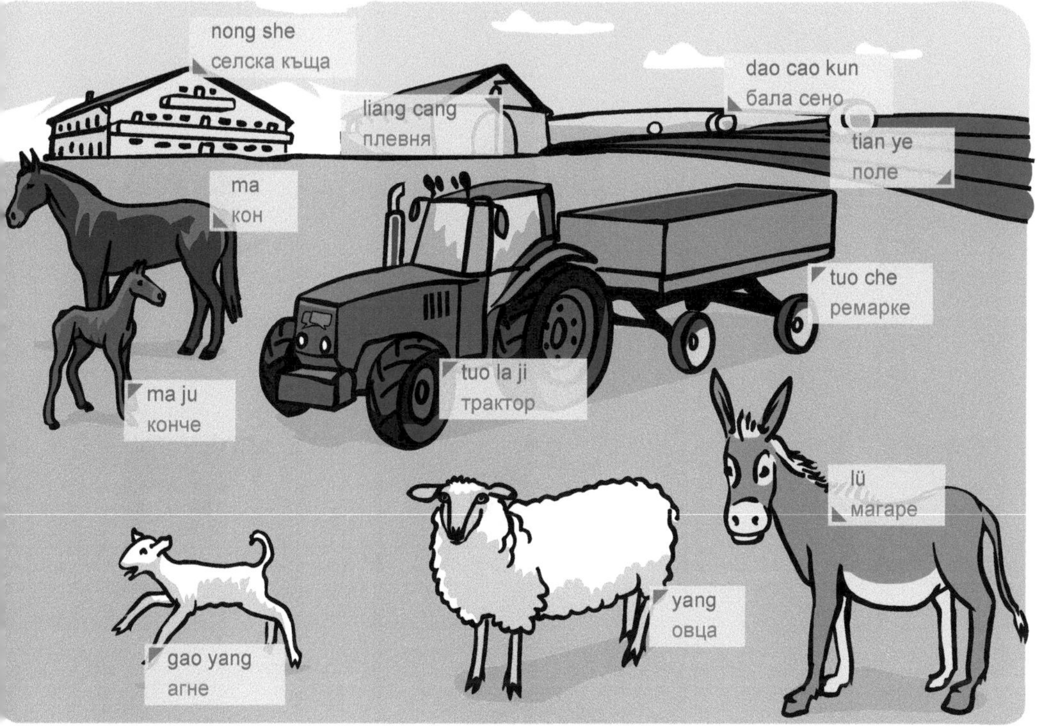

nong she
селска къща
liang cang
плевня
dao cao kun
бала сено
tian ye
поле
ma
кон
tuo che
ремарке
ma ju
конче
tuo la ji
трактор
lü
магаре
yang
овца
gao yang
агне

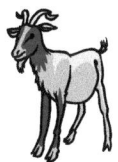

shan yang

коза

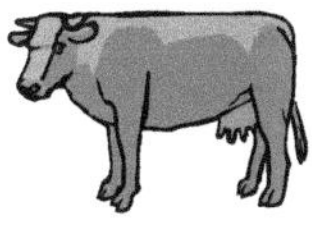

nai niu

крава

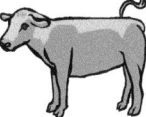

niu du

теле

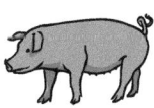

zhu

свиня

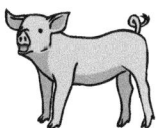

xiao zhu

прасенце

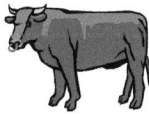

gong niu

бик

e
гъска

ya
патица

xiao ji
пиленце

mu ji
кокошка

gong ji
петел

shu
плъх

mao
котка

lao shu
мишка

niu
вол

gou
куче

gou wu
кучешка колиба

hua yuan jiao shui ruan guan
градински маркуч

sa shui hu
лейка

chang bing da lian dao
коса

li
плуг

lian dao

сърп

chu tou

мотика

chang bing cao pa

вила за тор

fu tou

брадва

du lun shou tui che

ръчна количка

si liao cao

корито

niu nai guan

съд за мляко

ma bu dai

чувал

zha lan

ограда

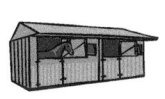

ma jiu

обор

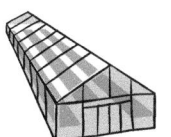

wen shi

парник

tu rang

земя

zhong zi

сеитба

fei liao

тор

lian he shou ge ji

комбайн

shou ge

жъна

shou ge

реколта

shan yao

ямс

xiao mai

жито

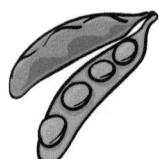

da dou

соя

tu dou

картоф

yu mi

царевица

you cai zi

рапица

guo shu

овощно дърво

shu shu

маниока

gu wu

зърнени храни

fang zi

къща

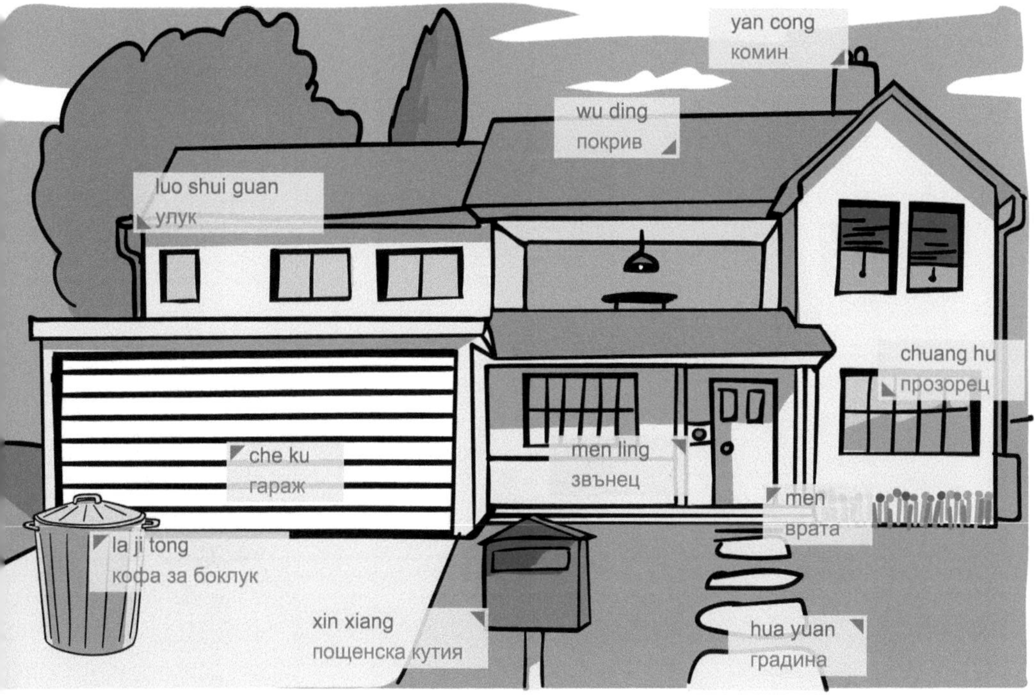
yan cong
комин
wu ding
покрив
luo shui guan
улук
chuang hu
прозорец
che ku
гараж
men ling
звънец
men
врата
la ji tong
кофа за боклук
xin xiang
пощенска кутия
hua yuan
градина

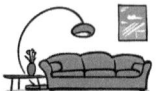

ke ting

всекидневна

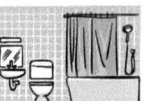

yu shi

баня

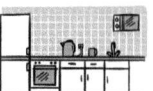

chu fang

кухня

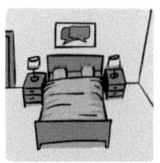

wo shi

спалня

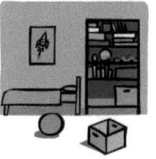

er tong fang

детска стая

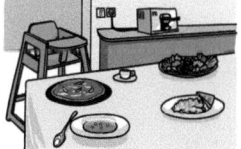

can ting

трапезария

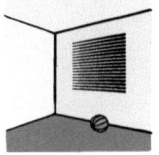

di ban

под

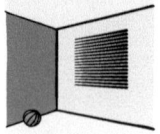

qiang bi

стена

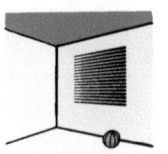

diao ding

таван

di jiao

изба

sang na

сауна

yang tai

балкон

lu tai

тераса

you yong chi

плувен басейн

ge cao ji

косачка

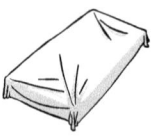

bei dan

спално бельо

chuang zhao

покривка за легло

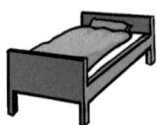

chuang

легло

sao zhou

метла

shui tong

кофа

kai guan

електрически ключ

ke ting

всекидневна

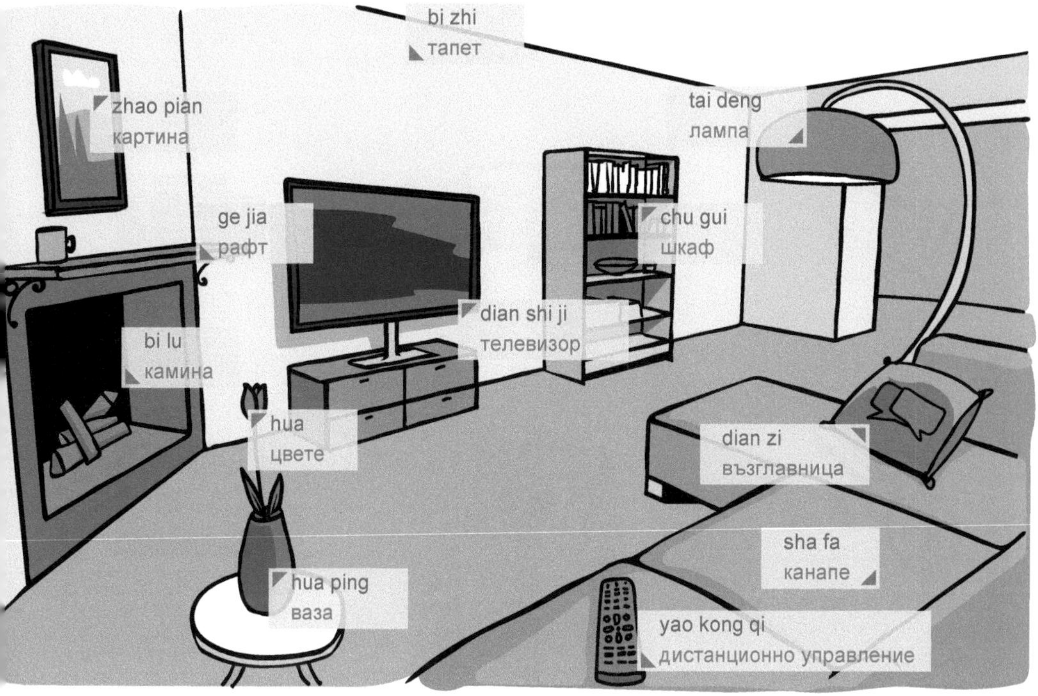
bi zhi
тапет
zhao pian
картина
tai deng
лампа
ge jia
рафт
chu gui
шкаф
dian shi ji
телевизор
bi lu
камина
hua
цвете
dian zi
възглавница
sha fa
канапе
hua ping
ваза
yao kong qi
дистанционно управление

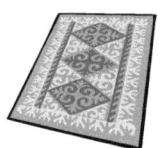

di tan

килим

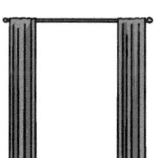

chuang lian

завеса

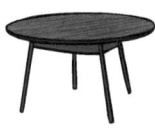

can zhuo

маса

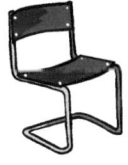

yi zi

стол

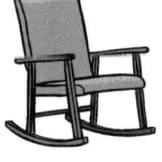

yao yi

люлеещ се стол

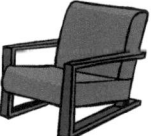

fu shou yi

кресло

shu

книга

tan zi

одеяло

zhuang shi pin

декорация

mu chai

дърва за отопление

dian ying

филм

gao bao zhen yin xiang

стерео уредба

yao shi

ключ

bao zhi

вестник

you hua

живопис

hai bao

постер

shou yin ji

радио

bi ji ben

бележник

xi chen qi

прахосмукачка

xian ren zhang

кактус

la zhu

свещ

chu fang

кухня

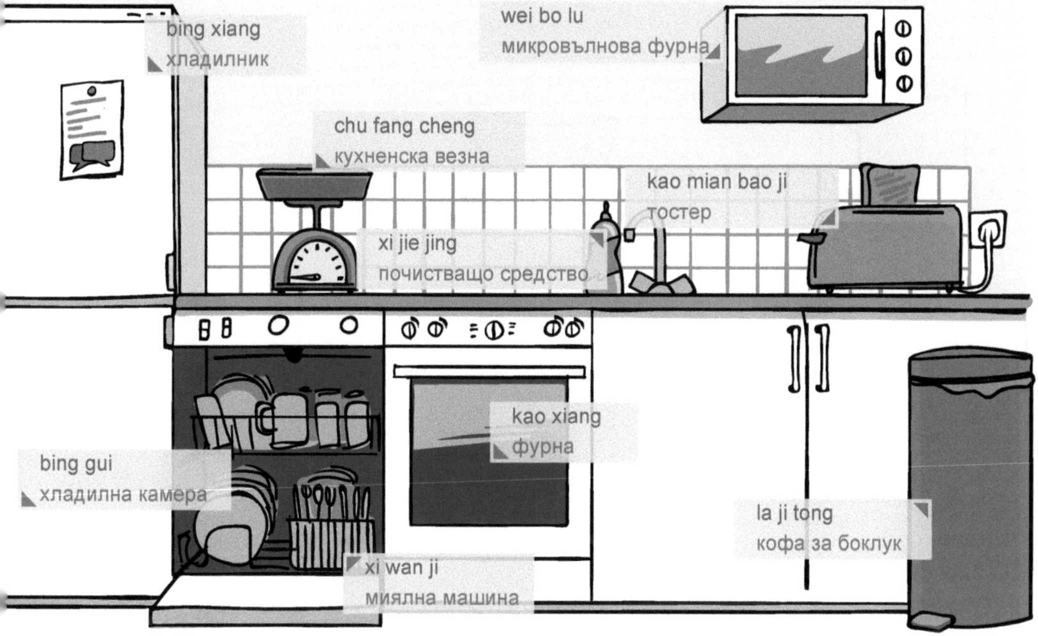

bing xiang
хладилник
wei bo lu
микровълнова фурна
chu fang cheng
кухненска везна
kao mian bao ji
тостер
xi jie jing
почистващо средство
kao xiang
фурна
bing gui
хладилна камера
la ji tong
кофа за боклук
xi wan ji
миялна машина

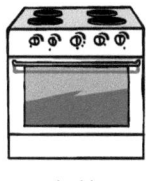

chui ju

готварска печка

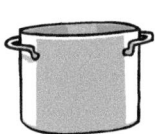

guo

тенджера

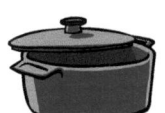

zhu tie guo

желязна тенджера

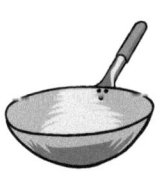

sha guo

уок / кадаи

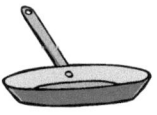

ping di guo

тиган

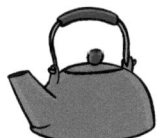

shui hu

кана за затопляне на вода

zheng guo

уред за готвене на пара

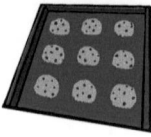

kao pan

тава за печене

tao ci guo

съдове

ma ke bei

чаша

wan

купа

kuai zi

клечки за хранене

chang bing shao

черпак

chan zi

лопатка за тиган

jiao ban qi

тел за разбиване (на яйца, белтъци)

lü wang

кошница за варене

shai zi

гевгир

mo sui ji

ренде

yan bo

хаван

shao kao

барбекю

ming huo

огнище

cai ban

дъска

gan mian zhang

точилка

kai ping qi

тирбушон

guan zi

кутия

kai ping qi

отварачка за консерви

ge re shou tao

кухненска ръкохватка

shui cao

мивка

shua zi

четка

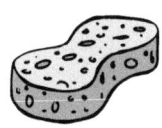

hai mian

гъба

jiao ban ji

миксер

leng cang xiang

фризер

nai ping

бебешко шише

shui long tou

воден кран

yu shi

баня

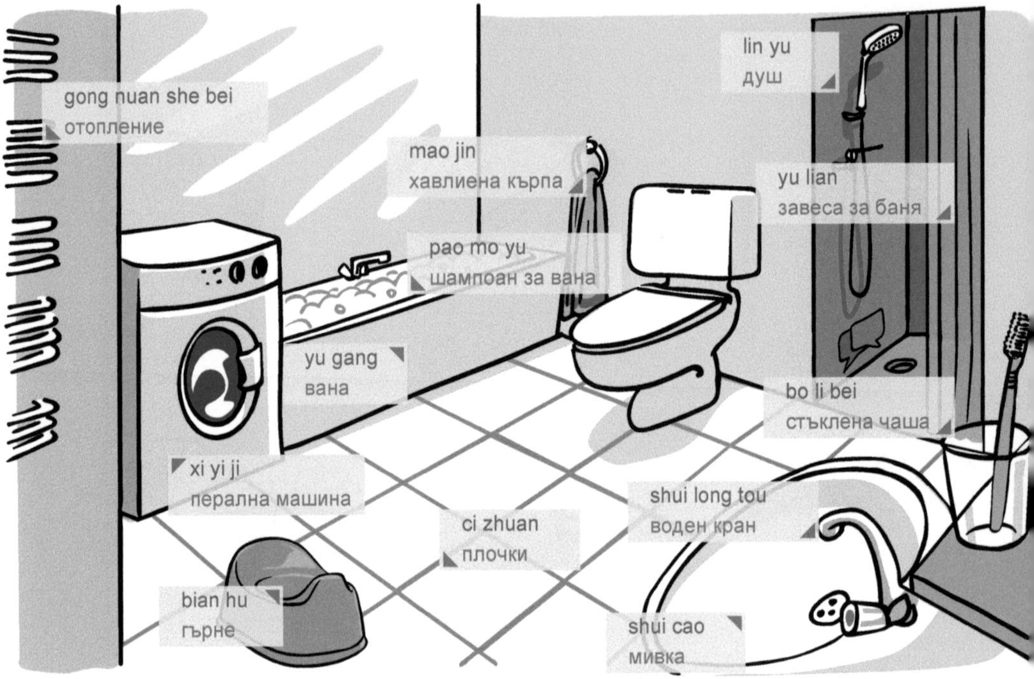

lin yu
душ
gong nuan she bei
отопление
mao jin
хавлиена кърпа
yu lian
завеса за баня
pao mo yu
шампоан за вана
yu gang
вана
bo li bei
стъклена чаша
xi yi ji
перална машина
shui long tou
воден кран
ci zhuan
плочки
bian hu
гърне
shui cao
мивка

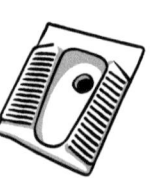

ce suo

тоалетна

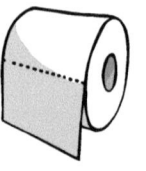

dun bian qi

клекало

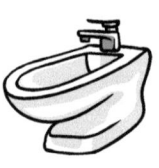

zuo yu qi

биде

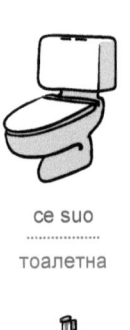

xiao bian chi

писоар

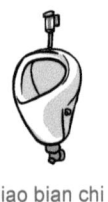

ce zhi

тоалетна хартия

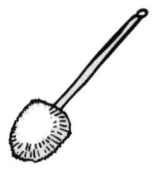

ma tong shua

четка за тоалетна

ya shua

четка за зъби

ya gao

паста за зъби

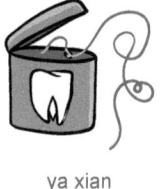

ya xian

конец за зъби

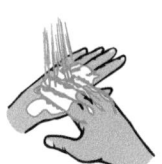

xi

мия

shou chi shi pen lin tou

ръчен душ

chong xi qi

интимен душ

xi lian pen

леген

ca bei shua

четка за гръб

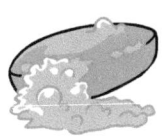

fei zao

сапун

mu yu lu

душ гел

xi fa shui

шампоан за вана

fa lan rong

гъба за баня

pai shui

сифон

ru shuang

крем

chu chou ji

дезодорант

jing zi

огледало

shou jing

козметично огледало

ti xu dao

ръчна самобръсначка

ti xu pao mo

пяна за бръснене

xu hou shui

одеколон за след
бръснене

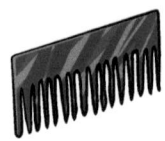

shu zi

гребен

shua zi

четка

chui feng ji

сешоар

pen fa ding xing ji

спрей за коса

hua zhuang pin

грим

chun gao

червило

zhi jia you

лак за нокти

hua zhuang mian

памук

zhi jia jian

ножица за нокти

xiang shui

парфюм

xi shu bao

тоалетна чантичка

deng zi

табуретка

ji zhong cheng

везна

yu pao

хавлия

xiang jiao shou tao

домакински ръкавици

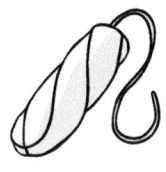

wei sheng mian tiao

тампон

wei sheng jin

дамски превръзки

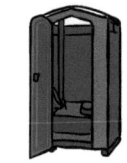

hua xue ce suo

химическа тоалетна

er tong fang
детска стая

nao zhong
будилник
mao rong wan ju
плюшена играчка
wan ju che
автомобил играчка
bo lang gu
дрънкалка
wan ju wu
къща за кукли
li wu
подарък

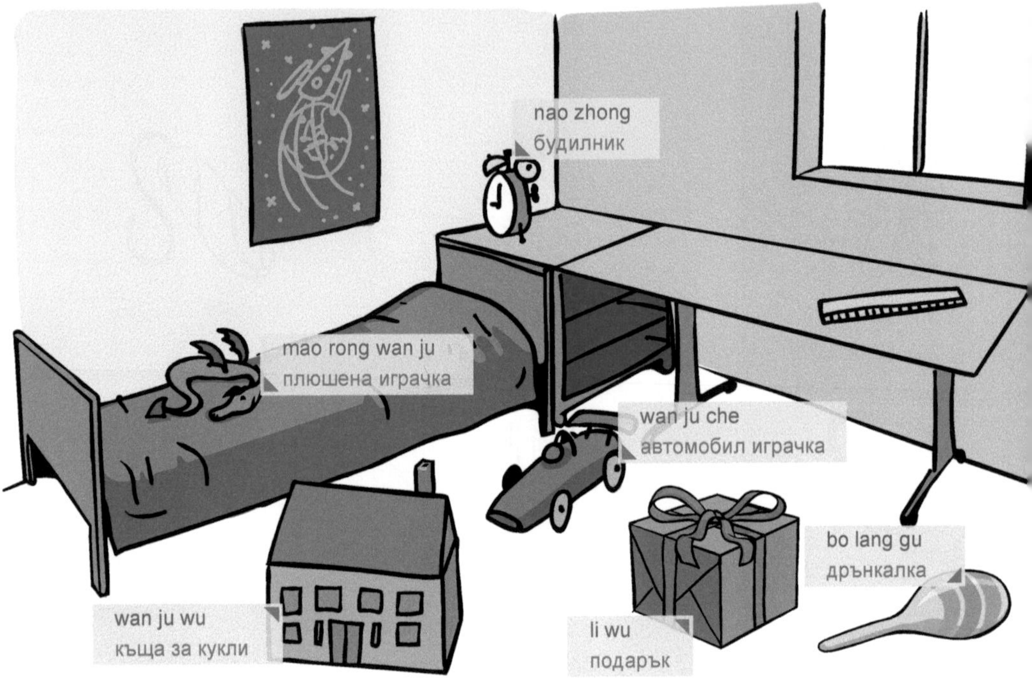

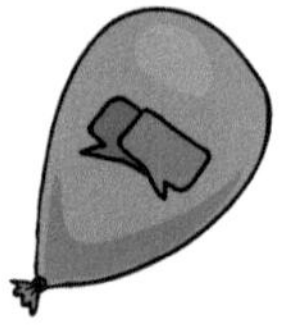

qi qiu

балон

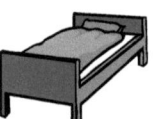

chuang

легло

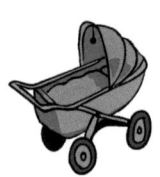

(yang wa wa yong)ying er che

детска количка

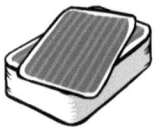

pu ke pai

игра на карти

pin tu

пъзел

SUPER
MEGA

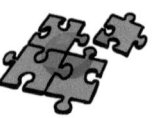

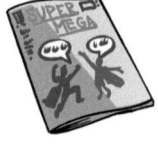

man hua

комикс

le gao ji mu

лего елементи

ji mu wan ju

строителни елементи

wan ju ren

екшън фигурка

ying er fu

бебешки гащеризон

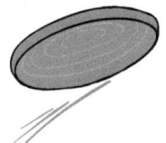

fei pan

фрисби

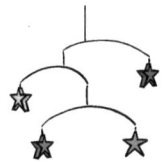

chuang ling wan ju

бебешки играчки за легло

qi pan you xi

настолна игра

shai zi

зарче

huo che mo xing

миниатюрно влакче

an fu nai zui

биберон

ju hui

парти

hui ben

детска книга с илюстрации

qiu

топка

yang wa wa

кукла

wan

играя

sha keng

пясъчник

qiu qian

люлка

wan ju

играчка

you xi ji

игрова конзола

san lun che

велосипед с три колелета

tai di xiong

плюшено мече

yi chu

гардероб

yi fu

облекло

wa zi

къси чорапи

chang wa

дълги чорапи

jin shen ku

чорапогащник

wei jin
шал

pi dai
колан

yu san
чадър

T xu
T-шърт

xue zi
ботуши

tuo xie
пантофи

yun dong xie
гуменки

liang xie
сандали

xie
обувки

yu xue
гумени ботуши

nei ku
слип

xiong zhao
сутиен

bei xin
долна блуза

yi fu - облекло

45

shen ti

боди

ku zi

панталон

niu zai ku

дънки

duan qun

пола

nü shi chen shan

блуза

chen shan

риза

tao tou shan

пуловер

wei yi

суичър

xi zhuang jia ke

блейзър

jia ke

яке

wai tao

палто

yu yi

дъждобран

tao zhuang

костюм

lian yi qun

рокля

hun sha

булчинска рокля

xi zhuang

костюм

shui pao

нощница

shui yi

пижама

sha li

сари

tou jin

кърпа за глава

bao tou jin

тюрбан

bo ka

бурка

ka fu tan

кафтан

(a la bo shi)chang pao

абая

yong yi

бански костюм

nan shi yong ku

плувни шорти

duan ku

къс панталон

yun dong fu

анцуг

wei qun

престилка

shou tao

ръкавици

niu kou

копче

yan jing

очила

shou lian

гривна

xiang lian

верижка

jie zhi

пръстен

er huan

обеца

bian mao

каскет

yi jia

закачалка

mao zi

шапка

ling dai

вратовръзка

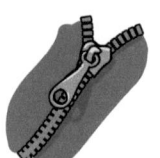

la lian

цип

tou kui

каска

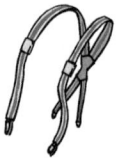

bei dai

тиранти

xiao fu

ученическа униформа

zhi fu

униформа

wei dou

лигавник

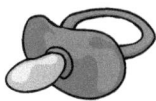

an fu nai zui

биберон

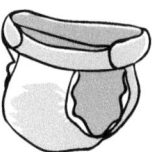

niao bu shi

пелена

ban gong shi

офис

fu wu qi
сървър

wen jian gui
шкаф за документи

da yin ji
принтер

xian shi ping
монитор

zhi
хартия

ban gong zhuo
бюро

shu biao
мишка

wen jian jia
папка

jian pan
клавиатура

fei zhi kuang
кошче за хартиени отпадъци

dian nao
компютър

yi zi
стол

ka fei bei

чаша за кафе

ji suan qi

джобен калкулатор

yin te wang

интернет

bi ji ben dian nao

лаптоп

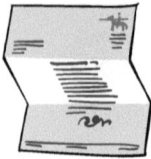

xin jian

писмо

xiao xi

съобщение

shou ji

мобилен телефон

wang luo

мрежа

fu yin ji

ксерокс

ruan jian

софтуер

dian hua

телефон

cha zuo

контакт

chuan zhen ji

факс

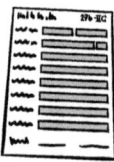

biao ge

формуляр

wen jian

документ

mai

купувам

fu qian

плащам

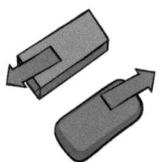

jiao yi

търгувам

xian jin

пари

USD

mei yuan

долар

EUR

ou yuan

евро

JPY

ri yuan

йена

RUB

lu bu

рубла

CHF

rui shi fa lang

швейцарски франк

CNY

ren min bi

ренминби юан

INR

lu bi

рупия

ti kuan chu

банкомат

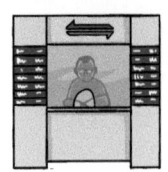

wai bi dui huan chu

обменно бюро

jin

злато

yin

сребро

shi you

нефт

neng yuan

енергия

jia ge

цена

he tong

договор

shui jin

данък

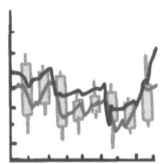

gu piao

акция

gong zuo

работя

zhi yuan

служител

lao ban

работодател

gong chang

фабрика

shang dian

магазин за цветя

zhi ye

професии

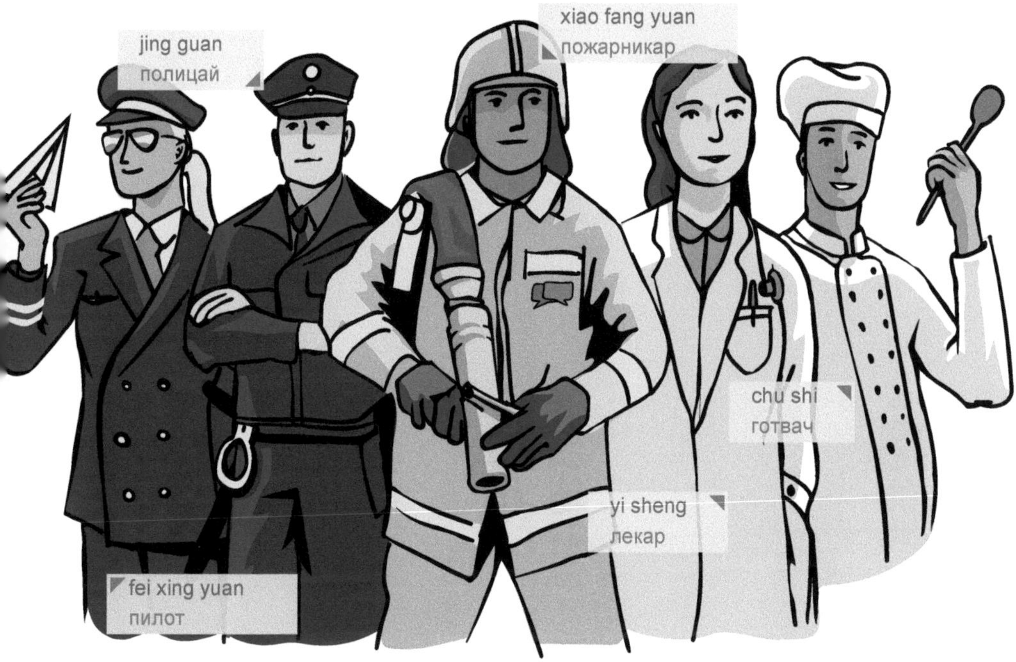
jing guan
полицай
xiao fang yuan
пожарникар
chu shi
готвач
yi sheng
лекар
fei xing yuan
пилот

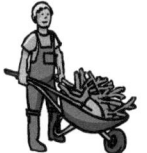

yuan ding

градинар

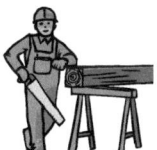

mu jiang

мебелист

cai feng

шивачка

fa guan

съдия

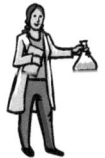

hua xue jia

химик

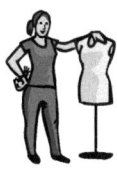

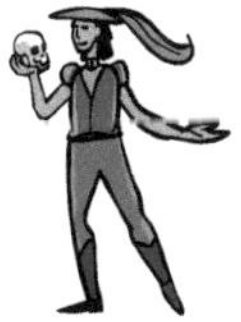

yan yuan

артист

gong jiao che si ji

шофьор на автобус

chu zu che si ji

шофьор на такси

yu fu

рибар

qing jie nü gong

чистачка

wu ding gong

майстор на покриви

fu wu yuan

келнер

lie ren

ловец

hua jia

художник

mian bao shi

хлебар

dian gong

електротехник

jian zhu gong ren

строителен работник

gong cheng shi

инженер

tu fu

касапин

shui guan gong

тенекеджия

you di yuan

пощальон

zhi ye - професии

shi bing

войник

jian zhu shi

архитект

shou yin yuan

касиер

hua nong

цветар

li fa shi

фризьор

shou piao yuan

кондуктор

ji xie shi

механик

chuan zhang

капитан

ya yi

зъболекар

ke xue jia

научен работник

la bi

равин

yi ma mu

имам

he shang

монах

mu shi

свещеник

gong ju
инструменти

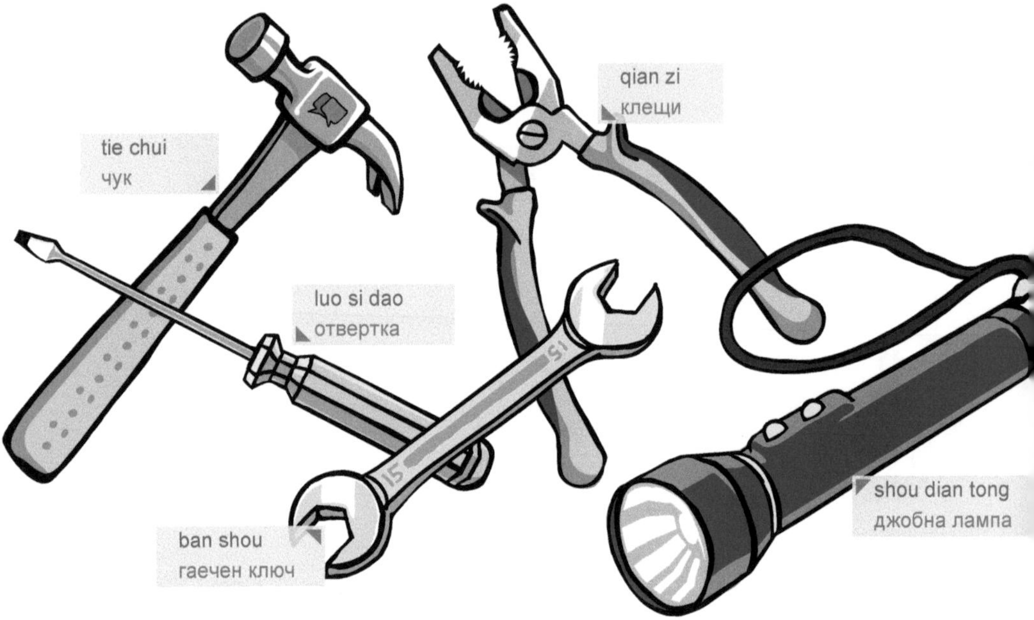
tie chui
чук
qian zi
клещи
luo si dao
отвертка
ban shou
гаечен ключ
shou dian tong
джобна лампа

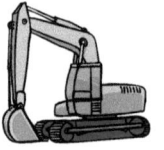

wa jue ji

багер

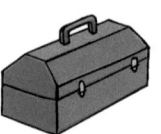

gong ju xiang

кутия за инструменти

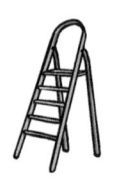

ti zi

стълба

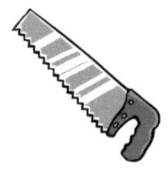

ju zi

трион

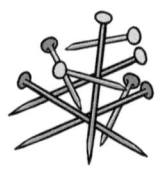

ding zi

пирони

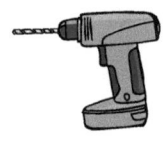

zuan ji

бормашина

xiu

ремонтирам

chan zi

лопата

kao!

По дяволите!

bo ji

лопатка за смет

you qi tong

кутия за боя

luo si

болтове

yue qi

музикални инструменти

da ji yue qi
ударни инструменти

yang sheng qi
високоговорител

ji ta
китара

di yin ti qin
контрабас

xiao hao
тромпет

gang qin

пиано

xiao ti qin

виолина

bei si

контрабас

ding yin gu

тимпан

gu

барабан

dian zi qin

електрическо пиано

sa ke si guan

саксофон

chang di

флейта

mai ke feng

микрофон

dong wu yuan

зоологическа градина

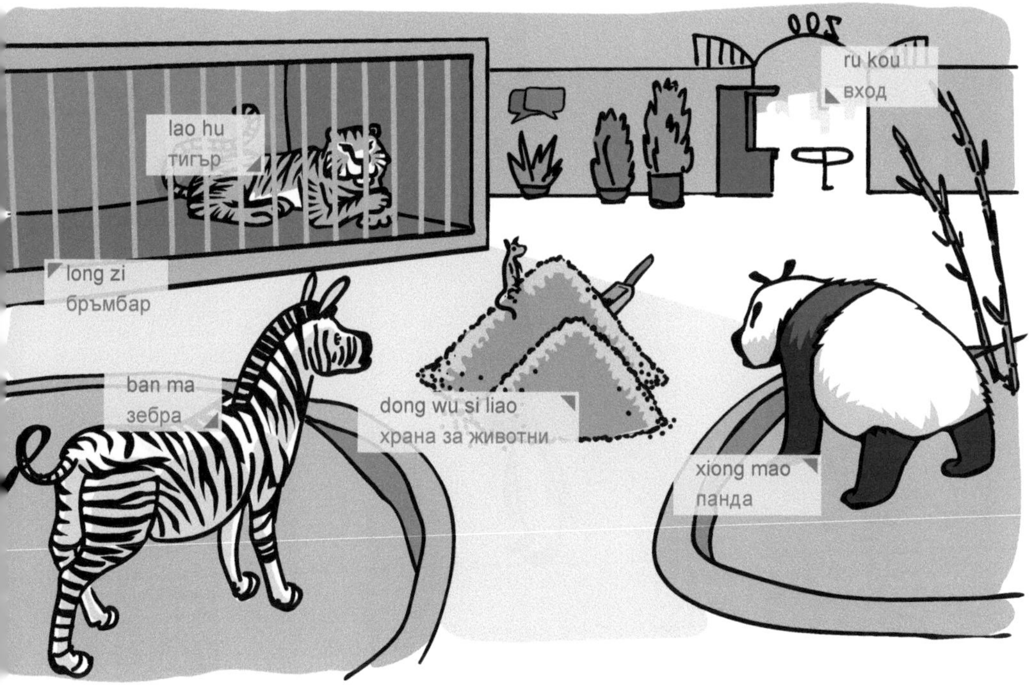
ru kou
вход
lao hu
тигър
long zi
бръмбар
ban ma
зебра
dong wu si liao
храна за животни
xiong mao
панда

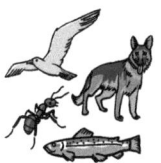

dong wu
животни

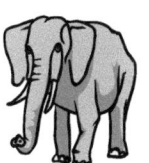

da xiang
слон

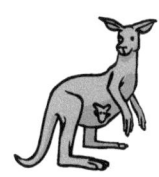

dai shu
кенгуру

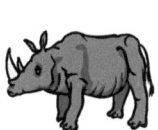

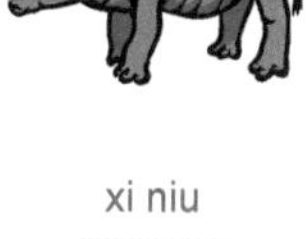

xi niu
носорог

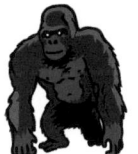

da xing xing
горила

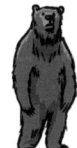

xiong
мечка

luo tuo

камила

tuo niao

щраус

shi zi

лъв

hou zi

маймуна

huo lie niao

фламинго

ying wu

папагал

bei ji xiong

бяла мечка

qi e

пингвин

sha yu

акула

kong que

паун

she

змия

e yu

крокодил

dong wu yuan guan li yuan

пазач в зоологическа
градина

hai bao

тюлен

mei zhou bao

ягуар

ai zhong ma

пони

bao

леопард

he ma

хипопотам

chang jing lu

жираф

lao ying

орел

ye zhu

диво прасе

yu

риба

gui

костенурка

hai xiang

морж

hu li

лисица

ling yang

газела

gan lan qiu
американски футбол

qi zi xing che
колоездене

wang qiu
тенис

lan qiu
баскетбол

you yong
плуване

bing qiu
хокей на лед

quan ji
бокс

ying shi zu qiu
футбол

yu mao qiu
бадминтон

tian jing
лека атлетика

shou qiu
хандбал

hua xue
ски бягане

ma qiu
поло

tiao
скачам

yong bao
прегръщам

xiao
смея се

zou lu
вървя

chang
пея

zuo meng
сънувам

qi dao
моля се

qin wen
целувам

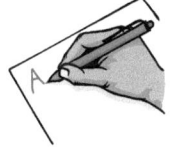

shu xie

пиша

hua

рисувам

zhan shi

показвам

tui

бутам

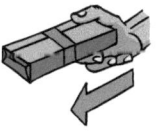

gei

давам

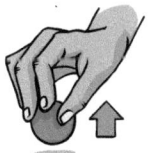

na

взимам

you

имам

zuo

правя

dang

съм

zhan

стоя

pao

тичам

la

дърпам

reng

хвърлям

shuai dao

падам

tang

лежа

deng dai

чакам

xie dai

нося

zuo

седя

chuan yi

обличам

shui jiao

спя

xing lai

събуждам се

kan

разглеждам

ku

плача

fu mo

милвам

shu tou

реша се

jiao tan

говоря

ming bai

разбирам

wen

питам

ting

слушам

he

пия

chi

ям

qing li

разтребвам

ai

обичам

zuo fan

готвя

kai che

карам автомобил

fei

летя

hang xing

плавам (с платна)

ji suan

смятане

du

чета

xue xi

уча

gong zuo

работя

jie hun

женя се

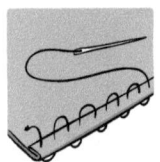

feng

шия

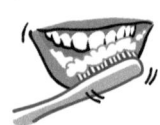

shua ya

измивам си зъбите

sha

убивам

chou yan

пуша

ji

изпращам

jia
семейство

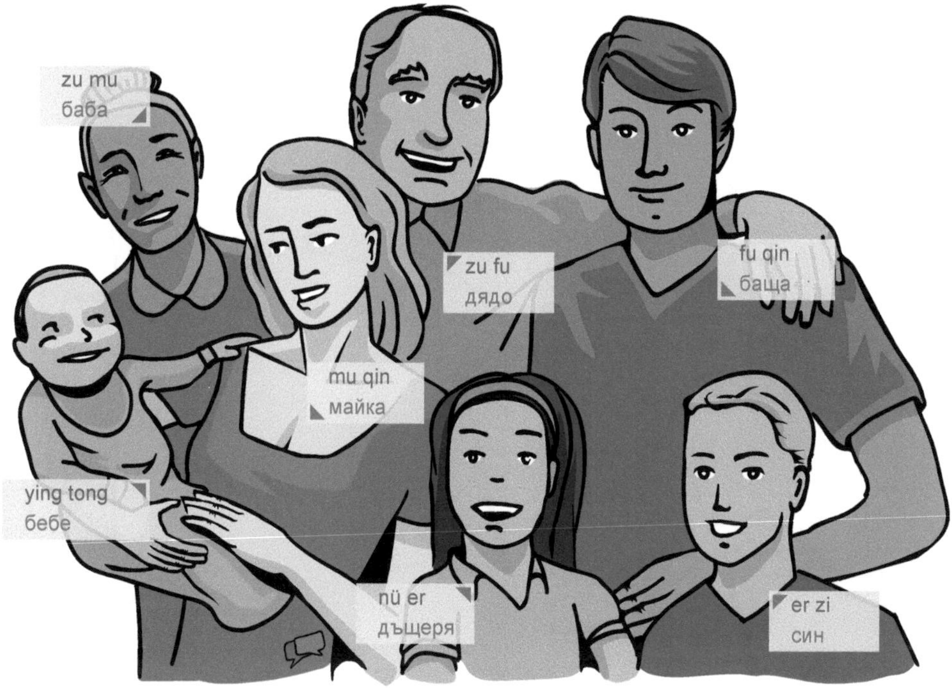
zu mu
баба
zu fu
дядо
fu qin
баща
mu qin
майка
ying tong
бебе
nü er
дъщеря
er zi
син

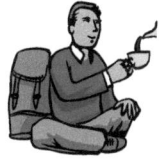

ke ren

посетител

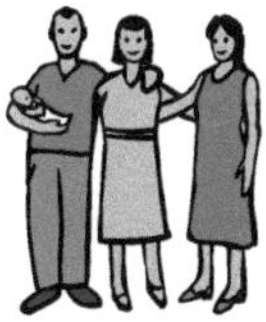

a yı

леля

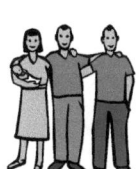

shu shu

чичо

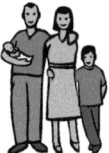

xiong di

брат

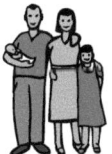

jie mei

сестра

shen ti

тяло

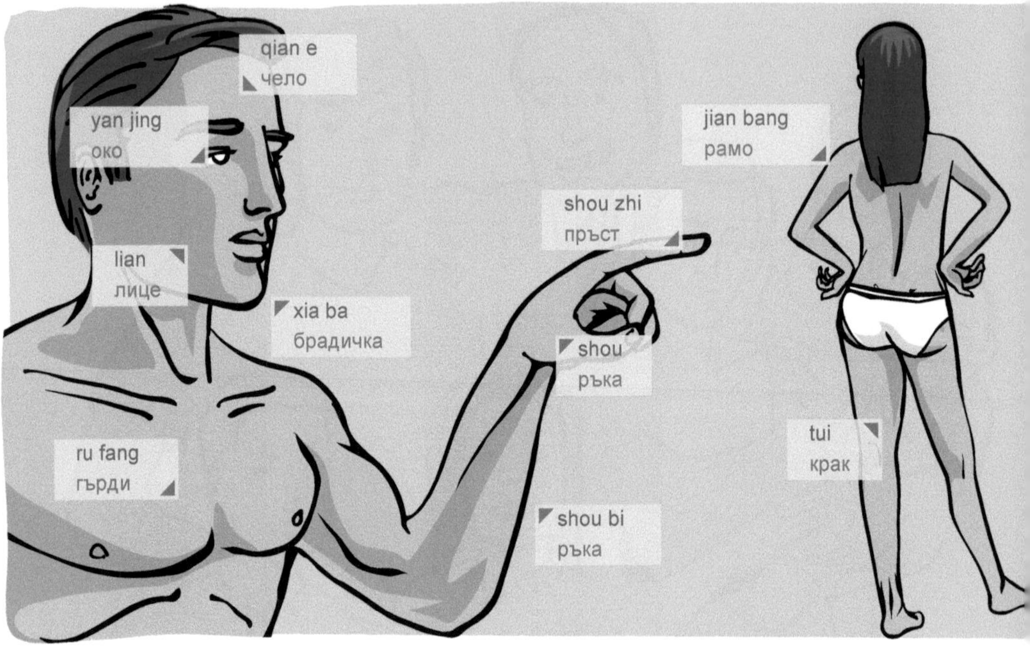

qian e
чело
yan jing
око
lian
лице
xia ba
брадичка
ru fang
гърди
shou zhi
пръст
shou
ръка
shou bi
ръка
jian bang
рамо
tui
крак

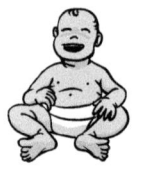

ying tong

бебе

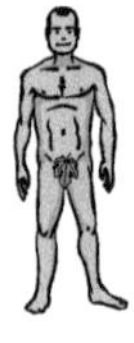

nan ren

мъж

nü ren

жена

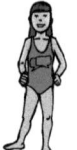

nü hai

момиче

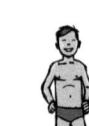

nan hai

момче

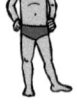

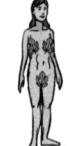

tou

глава

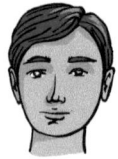

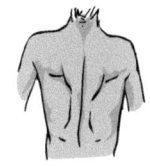

bei bu

гръб

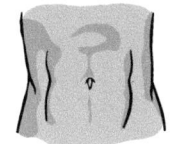

du zi

корем

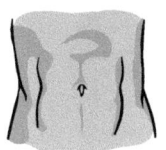

du qi

пъп

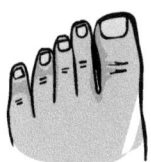

jiao zhi

пръст на крака

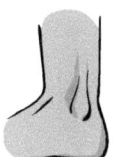

jiao hou gen

пета

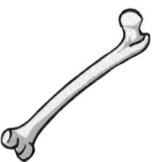

gu tou

кост

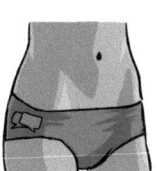

tun bu

хълбок

xi gai

коляно

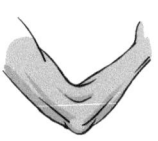

shou zhou

лакът

bi zi

нос

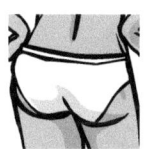

pi gu

седалище

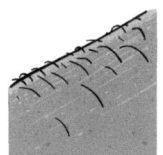

pi fu

кожа

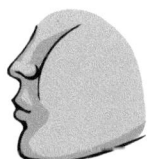

lian jia

буза

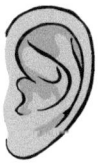

er duo

ухо

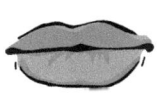

zui chun

устна

shen ti - тяло

69

zui

уста

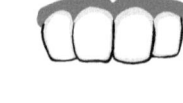

ya chi

зъб

she tou

език

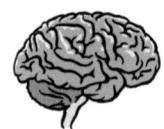

nao

мозък

xin zang

сърце

ji rou

мускул

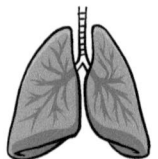

fei

бял дроб

gan zang

черен дроб

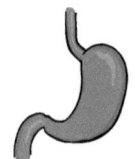

wei

стомах

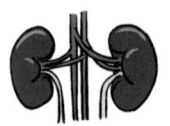

shen zang

бъбреци

xing jiao

полово сношение

bi yun tao

кондом

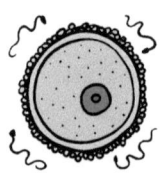

luan zi

яйцеклетка

jing zi

сперма

huai yun

бременност

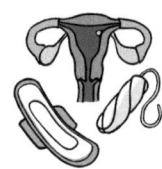

yue jing

менструация

yin dao

вагина

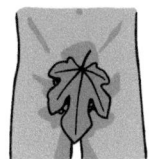

yin jing

пенис

mei mao

вежда

tou fa

коса

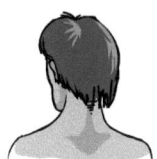

bo zi

шия

yi yuan
болница

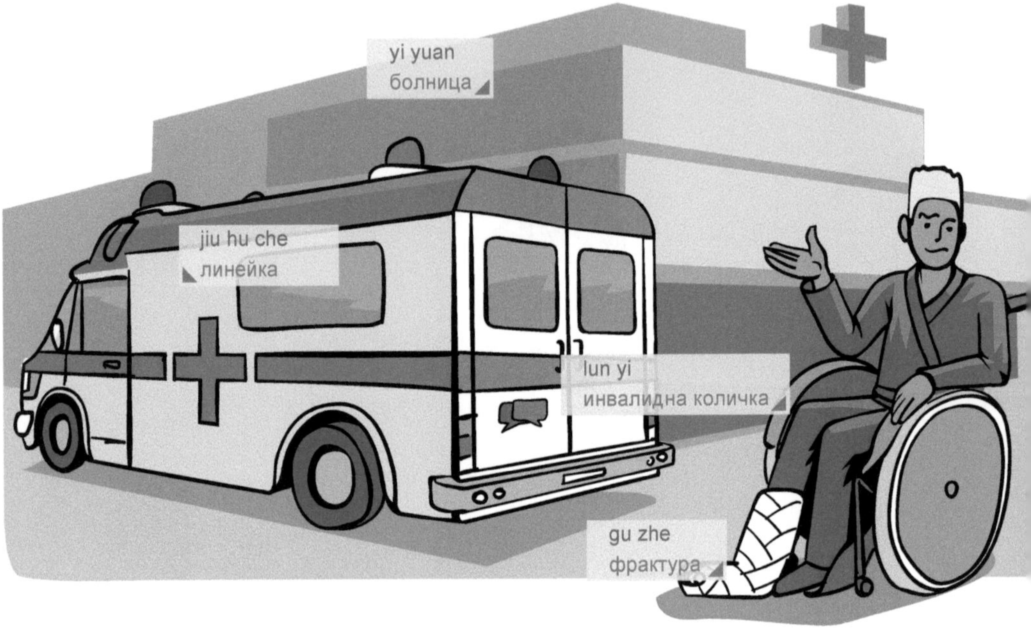

yi yuan
болница
jiu hu che
линейка
lun yi
инвалидна количка
gu zhe
фрактура

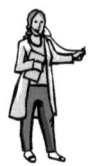

yi sheng

лекар

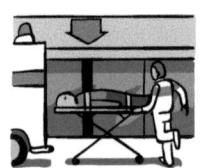

ji zhen shi

спешна хоспитализация

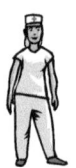

hu shi

медицинска сестра

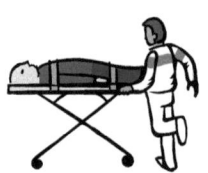

jin ji qing kuang

спешен случай

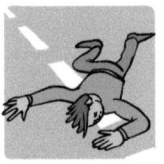

hun mi

в безсъзнание

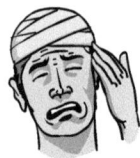

tong

болка

shou shang

нараняване

chu xue

кървене

xin zang bing fa zuo

инфаркт

zhong feng

инсулт

guo min

алергия

ke sou

кашлица

fa shao

температура

liu gan

грип

fu xie

диария

tou tong

главоболие

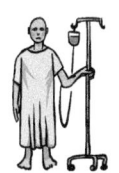

ai zheng

рак

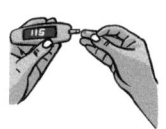

tang niao bing

диабет

wai ke yi sheng

хирург

shou shu dao

скалпел

shou shu

операция

CT

компютърна томография

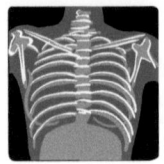

X guang

рентген

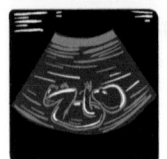

chao sheng bo

ултразвук

kou zhao

маска

ji bing

болест

hou zhen shi

чакалня

guai zhang

патерица

shi gao

пластир

beng dai

превръзка

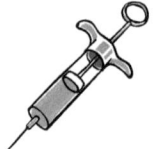

zhu she

инжекция

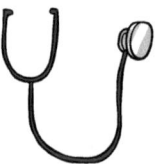

ting zhen qi

стетоскоп

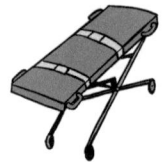

dan jia

носилка

ti wen ji

термометър

chu sheng

раждане

chao zhong

наднормено тегло

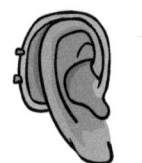

zhu ting qi

слухов апарат

xiao du ye

дезинфекционно средство

gan ran

инфекция

bing du

вирус

ai zi bing

HIV / AIDS

yao wu

медицина

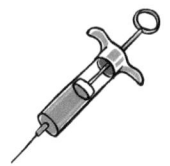

jie zhong yi miao

ваксинация

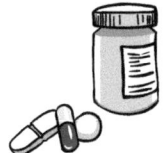

yao pian

таблети

yao wan

противозачатъчна таблетка

ji jiu dian hua

спешно телефонно обаждане

xue ya ji

апарат за измерване на кръвното налягане

sheng bing/jian kang

болен / здрав

jiu ming!

Помощ!

jing bao

сигнал за тревога

tu ji

нападение

gong ji

атака

wei xian

опасност

jin ji chu kou

авариен изход

zhao huo la!

Пожар!

mie huo qi

пожарогасител

yi wai

злополука

ji jiu xiang

комплект за оказване на първа помощ

hu jiu xin hao

SOS

jing cha

полиция

ou zhou

Европа

bei mei zhou

Северна Америка

nan mei zhou

Южна Америка

fei zhou

Африка

ya zhou

Азия

ao zhou

Австралия

da xi yang

Атлантически океан

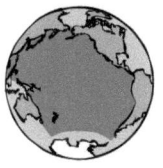

tai ping yang

Тихи океан

yin du yang

Индийски океан

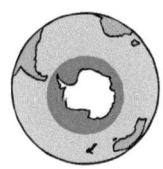

nan bing yang

Южен ледовит океан

bei bing yang

Северен ледовит океан

bei ji

Северен полюс

nan ji

Южен полюс

nan ji zhou

Антарктида

di qiu

Земя

lu di

суша

hai

море

dao

остров

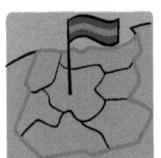

guo jia

нация

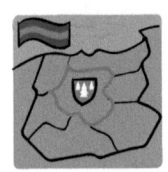

guo jia

държава

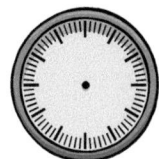

zhong mian

циферблат

shi zhen

стрелка на часовете

fen zhen

стрелка на минутите

miao zhen

стрелка на секундите

xian zai ji dian?

Колко е часът?

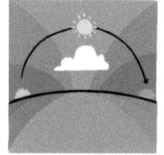

tian

ден

shi jian

време

xian zai

сега

dian zi biao

дигитален часовник

fen

минута

shi

час

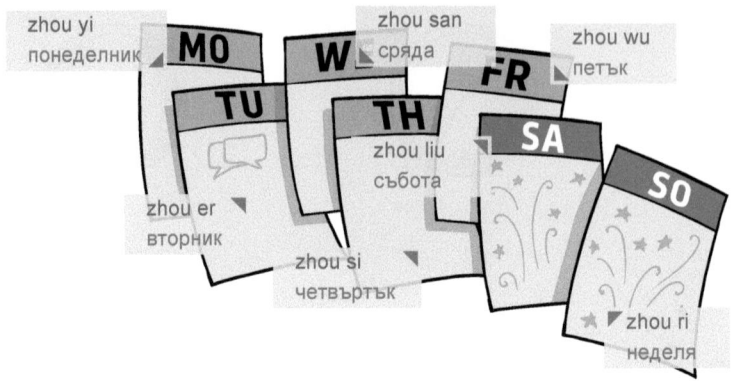

zhou yi — понеделник
zhou er — вторник
zhou san — сряда
zhou si — четвъртък
zhou wu — петък
zhou liu — събота
zhou ri — неделя

zuo tian

вчера

jin tian

днес

ming tian

утре

zao chen

сутрин

zhong wu

обед

wan shang

вечер

gong zuo ri

работни дни

zhou mo

уикенд

nian

година

yu
дъжд
cai hong
дъга
feng
вятър
xue
сняг
chun
пролет
xia
лято
qiu
есен
dong
зима

4.APRIL 11°
5.APRIL 4°
6.APRIL 13°
7.APRIL 8°
8.APRIL 10°

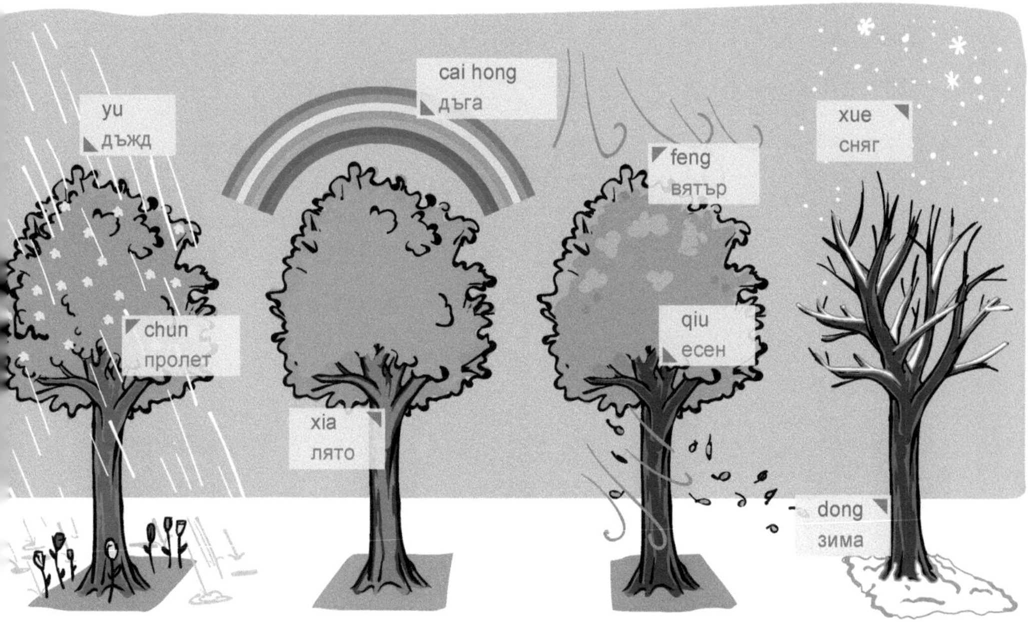

tian qi yu bao

прогноза за времето

F C
120 40
90 30
60 20
30 10
0 0
-30 -10
-20

wen du ji

термометър

yang guang

слънчева светлина

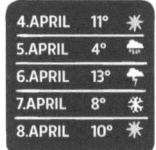

yun

облак

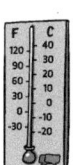

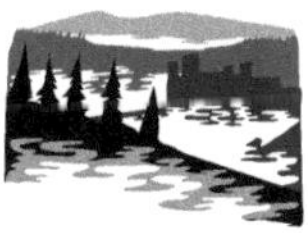

wu

мъгла

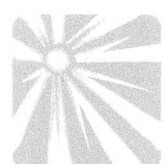

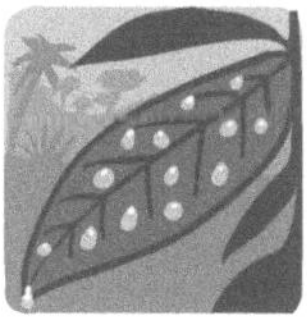

chao shi

влажност на въздуха

shan dian

светкавица

da lei

гръмотевица

feng bao

буря

bing bao

градушка

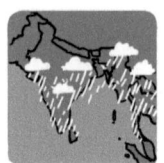

ji feng

мусон

hong shui

наводнение

bing

лед

yi yue

януари

er yue

февруари

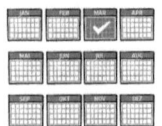

san yue

март

si yue

април

wu yue

май

liu yue

юни

qi yue

юли

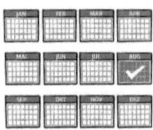

ba yue

август

jiu yue
....
септември

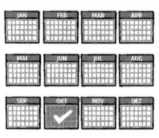

shi yue
....
октомври

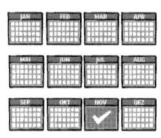

shi yi yue
....
ноември

shi er yue
....
декември

xing zhuang
форми

yuan xing
....
кръг

zheng fang xing
....
квадрат

chang fang xing
....
четириъгълник

san jiao xing
....
триъгълник

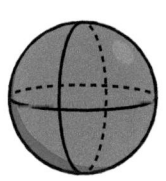

qiu ti
....
сфера

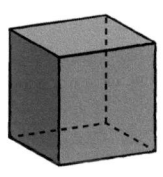

li fang ti
....
куб

bai

бял

huang

жълт

cheng

оранжев

fen

розов

hong

червен

zi

лилав

lan

син

lü

зелен

zong

кафяв

hui

сив

hei

черен

противоположности

hen duo/shao xu

много / малко

sheng qi/ping jing

ядосан / спокоен

mei/chou

красив / грозен

shou/wei

начало / край

da/xiao

голям / малък

ming/an

светъл / тъмен

xiong di/jie mei

брат / сестра

gan jing/ang zang

чист / мръсен

wan zheng/que shi

пълен / непълен

bai tian/wan shang

ден / нощ

si/sheng

мъртъв / жив

kuan/zhai

широк / тесен

ke shi yong/fei shi yong

ядлив / неядлив

xie e/shan liang

сърдит / любезен

xing fen/wu liao

развълнуван / скучаещ

pang/shou

дебел / тънък

di yi/zui hou

най-напред / най-накрая

peng you/di ren

приятел / враг

man/kong

пълен / празен

ying/ruan

твърд / мек

zhong/qing

тежък / лек

e/ke

глад / жажда

sheng bing/jian kang

болен / здрав

fei fa/he fa

нелегален / легален

cong ming/yu ben

интелигентен / глупав

zuo/you

ляво / дясно

jin/yuan

близо / далече

xin/jiu

нов / употребяван

mei you/you xie

нищо / нещо

lao/you

стар / млад

kai/guan

вкл. / изкл.

da kai/he shang

отворен / затворен

an jing/chao nao

тих / силен (звук)

fu/qiong

богат / беден

dui/cuo

правилен / погрешен

cu cao/guang hua

грапав / гладък

shang xin/gao xing

тъжен / щастлив

duan/chang

дълъг / къс

man/kuai

бавен / бърз

shi/gan

мокър / сух

wen nuan/liang shuang

топъл / студен

zhan zheng/he ping

война / мир

0

ling

нула

1

yi

едно

2

er

две

3

san

три

4

si

четири

5

wu

пет

6

liu

шест

7

qi

седем

8

ba

осем

9

jiu

девет

10

shi

десет

11

shi yi

единадесет

12

shi er

дванадесет

13

shi san

тринадесет

14

shi si

четиринадесет

15

shi wu

петнадесет

16

shi liu

шестнадесет

17

shi qi

седемнадесет

18

shi ba

осемнадесет

19

shi jiu

деветнадесет

20

er shi

двадесет

100

bai

сто

1.000

qian

хиляда

1.000.000

bai wan

милион

shu zi - числа

езици

ying yu

английски

mei shi ying yu

американски английски

pu tong hua

китайски мандарин

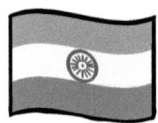

yin di yu

хинди

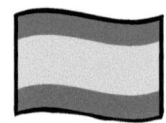

xi ban ya yu

испански

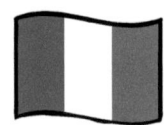

fa yu

френски

a la bo yu

арабски

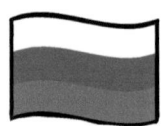

e yu

руски

pu tao ya yu

португалски

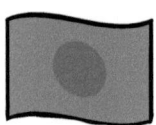

feng jia la yu

бенгалски

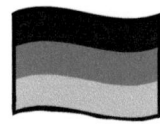

de yu

немски

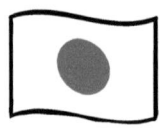

ri yu

японски

wo

аз

ni

ти

ta/ta/ta

той / тя / то

wo men

ние

ni men

вие

ta men

те

shei?

кой?

shen me?

какво?

zen yang?

как?

na li?

къде?

shen me shi hou?

кога?

ming zi

име

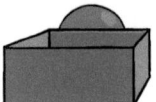

hou mian

зад

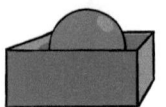

li mian

в

qian mian

пред

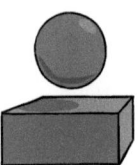

shang fang

над

shang mian

върху

xia mian

под

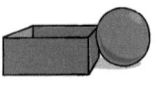

pang bian

до

zhong jian

между

di dian

място